रूहान
और
उसका जादुई जूता

डॉ. हरमीत कौर भल्ला

Published in 2024
Becomeshakespeare.com

One Point Six Technologies Private Limited,
Unit No. 26, Ground Floor,
A1, Shram Safalya, Wadala Truck Terminal Road,
Near Post Office, Antop Hill,
Mumbai - 400037

ISBN – 978-93-5883-945-6

कुछ साल पुरानी बात है। दीनापुर शहर में आठ साल का लड़का रूहान अपने माता पिता के साथ रहता था। उसकी माँ सोनी एक कपड़ों की फैक्ट्री में सिलाई करती थी और उसके पिता रौनक सिंह एक स्कूल में टीचर थे। रूहान कक्षा तीन में अपने पिता के स्कूल में ही पढ़ता था। वो रोज अपने पिता के साथ स्कूल जाता और वापिस आता था।

रास्ते में एक नदी आती थी जिसका नाम चैल था। रोज वो दोनों सुबह स्कूल के लिए जल्दी निकलते थे। पहले एक घना जंगल आता था और फिर कुछ रास्ता नाव में बैठ कर पार करते थे। लोग अक्सर बात करते थे कि जंगल में एक चुड़ैल रहती है जिसका नाम चिकनी चुड़ैल हैं।

रूहान के पिताजी उसको हमेशा समझाते थे की यह सब मन घढ़त कहनियाँ है। रूहान के दोस्त उसको बताते थे की

चुड़ैल जब किसी बच्चे को अकेला देखती तो खाना माँगती है। कुछ बच्चों से वो खाना माँग भी चुकी थी । कितने बच्चे तो गायब हो चुके थे।

एक दिन रौनक सिंह को बहुत तेज बुखार आ गया। रूहान की माँ ने उसे स्कूल के लिए तैयार किया और अच्छा सा टिफिन बांध दिया।

उसकी माँ ने उसे समझाया "रूहान आज तुम्हें अकेले नदी तक स्कूल के लिए जाना पड़ेगा। नाव वाले मोहन भैया से कहना तुम्हें वापस भी ले आयेंगे। मौसम कुछ ठीक नहीं है लग रहा है। ऐसा लगता है की बारिश आएगी। तुम अपना छाता याद से अपने बस्ते में रख लो।"

रूहान ने रुआँसा हो के जवाब दिया,. "अच्छा माँ में तो कभी अकेला गया नहीं तुम साथ में चलो। अगर मुझे चुड़ैल ने पकड़ लिया तो?"

"नहीं बेटा मुझे तुम्हारे पिताजी को डॉक्टर के पास ले कर जाना है। तुम तो मेरे बहादुर बच्चे हो।"

रूहान अपने पिताजी के पास गया और बोला, "पिताजी जब में जंगल से जाऊँगा मुझे डर तो नहीं लगेगा।"

उसके पिताजी ने धीरे से अपनी आँखें खोली और बोले, "हम लोग तो रोज वही से जाते हैं। क्या तुमने कभी कुछ देखा? ऐसा कुछ भी नहीं है। आराम से जाओ।"

डॉ. हरमीत कौर भल्ला

रूहान ने अपना टिफिन और छाता अपने बस्ते में डाला और माँ और पिताजी के पैर छुए। उसने दरवाजा खोला और स्कूल के लिए निकल पड़ा।

२

वह धीरे धीरे चलते हुए जा रहा था की रास्ते में बदरी चाचा और चाची मिले।

"अरे बेटा अकेले कहाँ जा रहे हो। आओ मैं तुम को छोड़ देता हूँ।"

"नहीं चाचा में अकेले जाना सीख रहा हूँ।"

"अरे तुम तो बहुत होशियार हो गये हो।"

चाची ने भी उसके साथ जाना चाहा पर रूहान तो अकेला ही स्कूल जाना चाहता था। उसने सोचा आज में देखता हूँ कि चुड़ैल है भी कि नहीं।

चैल नदी तक पहुँचने में बीस मिनट लगते थे। रास्ते में जो जंगल आता था उसमें घने पेड़ लगे थे। रूहान धीरे धीरे अपना पाठ याद करता हुआ जा रहा था। उसके पिताजी उसको रोज रास्ते में उसको कुछ ना कुछ अच्छी बातें सिखाते हुए जाते थे।

उस दिन जंगल में एक अजीब सी शांति थी। जैसे ही कुछ पानी की बूँदे उसके ऊपर गिरी वो समझ गया की मौसम खराब होने वाला है। उसने सोचा कि वो तो नदी तक पहुँच ही नहीं पाएगा तो क्यों ना वो किसी पेड़ के नीचे बारिश से बचने के लिए थोड़ी देर के लिए खड़ा हो जाए।

उस जंगल में एक बहुत ही पुराना बरगद का पेड़ था। कुछ ही मिनटों में बारिश बहुत तेज हो गई और ठंडी हवा चलने लगी। रूहान उस बरगद के पेड़ के नीचे जाकर खड़ा हो गया। चारों तरफ अंधेरा छा गया। रूहान ने अपना छाता निकाल कर जैसे ही खोला उसका छाता तेज आंधी में उड़ने लगा।

धीरे धीरे बारिश का पानी जंगल में भरने लगा।

रूहान को अपने दोस्तों की बात याद आ गई। वो उसको अक्सर बताते थे कि उसी बरगद के पेड़ पर चिकनी चुड़ैल रहती थी जो बच्चों को अकेला देख कर परेशान करती थी। रूहान ठंड से कपकपाने लगा। उसे चुड़ैल का डर सताने लगा। अपने आस पास पानी भरता देख उसने पेड़ पर चढ़ने के बारे में सोचा।

रूहान को बदरी चाचा और चाची की याद आने लगी क्योंकि वो उसको समझा रहे थे की अकेले मत जाओ। रूहान भगवान का नाम लेने लगा, "हे ईश्वर मुझे बचा लो।"

३

रूहान जोर जोर से रोने लगा और जैसे ही उसने पेड़ पर चढ़ने की कोशिश की किसी ने उसको जोर से ऊपर खीचा।उसने डर के मारे अपनी आँखें भींच ली। कुछ ही देर में उसने धीरे से आँख खोली तो अपने आप को पेड़ की टहनी पर बैठा पाया। उसके साथ में एक लंबे सफेद बाल, नाक, लाल बड़े नाखून वाली और बड़े बड़े चाँदी के जूते पहने एक औरत बैठी थी। उसकी आँखें हरी थी और मुँह काला था। रूहान डर गया और समझ गया की आज वो चुड़ैल के चंगुल में फँस गया है।

रूहान ने काँपते हुए पूछा, "तुम कौन हो? मुझे मत मारना। मुझे छोड़ दो।"

चुड़ैल अपनी गरजती हुई आवाज में बोली, "मैं इस पेड़ पर सौ साल से रहती हूँ। मैं भूखी हूँ। मेरा नाम चिकनी है। रोज तुम्हें आते हुए देखती हूँ। मैं बच्चो को अपने पेड़ पर कैद कर लेती हूँ। तुम तो अपने पिताजी के साथ आते हो तो मैं तुमको कुछ भी नहीं कह पाती हूँ। आज तुम मेरी पकड़ में आए हो....हा.....हा....हा।"

चिकनी चुड़ैल ने अपने नाखूनों से उसको उठाया और हवा में घुमाने लगी। रूहान जोर जोर से चिल्लाने लगा।

"पर मैं तो तुम्हें कुछ नहीं कहता हूँ। छोड़ दो......मुझे छोड़ दो....आज तो मैं बारिश मैं फँस गया हूँ और घर भी नहीं पहुँच पाऊँगा। तुम मेरा खाना खा लो।"

जैसे ही खाने का नाम आया चुड़ैल ने उसको फिर से पेड़ पर बैठा दिया। उसने कहा, "जल्दी दे, जल्दी दे खाना।"

रूहान ने फटाफट अपना टिफिन निकाल कर दे दिया। चिकनी चुड़ैल ने जल्दी से उसका सारा खाना खा लिया।

"आज तो मजा आ गया। मेरा पेट भी भर गया है। अब तुम घर जा सकते हो। तुमने मुझे खाना दिया इसलिये में तुम्हें छोड़ सकती हूँ।"

रूहान को डर तो बहुत लग रहा था पर उसने हिम्मत कर के जवाब दिया,

"मुझे मत पकड़ो.... मेरे पिताजी बीमार है। क्या में थोड़ी देर यहाँ बैठ सकता हूँ क्योंकि अगर में गया मैं तो डूब जाऊँगा।"

"चलो आज मैं तुमसे खुश हुई हूँ। तुमने मेरा भूखा पेट भर दिया "वो अपने पेट पर हाथ फेरती हुई बोली।

रूहान ने अपना टिफिन वापिस रख लिया।

"तुम्हें एक अच्छा सा तोहफा देती हूँ जिसको तुम सिर्फ अपने पास रखोगे। देखना तुम्हारे ऊपर कोई मुसीबत नहीं आएगी।"

"फिर क्या मैं उससे पानी में तैर कर चला जाऊँगा।"

चिकनी चुड़ैल अपना बड़ा सा चाँदी का जूता उतारती है और रूहान को पकड़ाती है।

"ये मेरा जादुई जूता है और जैसे ही तुम इसमें पैर रखोगे तुम उड़ने लगोगे। अगर तुमने ये जूता किसी और को दिया तो इसका जादू खत्म हो जाएगा। पर एक शर्त है तुम्हें रोज मेरे लिए खाना लाना पड़ेगा। में बहुत भूखी हूँ ना.... समझे........खाना नहीं लाए तो में तुम्हें खा जाऊँगी।"

रूहान पहले तो डर और बोला, "मुझे मत खाना मैं तुम्हारे लिए रोज खाना लाऊँगा।"

फिर वो खुशी से झूमने लगा और फटा फट उसने वो जूता अपने हाथ में पकड़ लिया।

"कितना सुंदर जूता है....वाह....मैंने ऐसा जूता कभी नहीं देखा...इसकी चमक तो देखो....धन्यवाद चिकनी चुड़ैल।"

"अगर ये किसी और ने लिया तो मैं तुम्हें कैद कर लूँगी समझे....ध्यान रखना।"

रूहान को तो कोई बात सुनाई ही नहीं दे रही थी उसे तो बस उड़ना था ।

उसने जल्दी से अपना पैर जूते में डाला और उड़ने का इंतजार करने लगा।

उसने चिकनी चुड़ैल को दोबारा धन्यवाद कहा और पूछा की यह चाँदी का जूता कैसे काम करेगा तो उसने बताया की उसको जूते को बताना पड़ेगा की कहा जाना है।

रूहान ने चाँदी का जूता पहना और बोला, "चलो मुझे मेरे स्कूल ले चलो।"

उसने अपना बस्ता टांगा और उसे विश्वास ही नहीं हुआ कि वह धीरे धीरे हवा में उड़ने लगा।उसका छाता भी खुल गया था और उसके ऊपर एक भी बूँद पानी कि नहीं गिर रहा था। चाँदी का जूता उसके पैर में था और अपनी जगह से हिल भी नहीं रहा था।

आसमान में उड़ना रूहान को बहुत अच्छा लग रहा था। उसे यकीन ही नहीं हो रहा था कि वो गहरे काले बादलों के बीच में उड़ रहा है। वो उन्हें पकड़ने की कोशिश करता पर वो तो और आगे बढ़ जाते।कुछ जगह बादलों मैं पानी भरा था।

वो अपने जूते से बातें करने लगा और बोला, "देखा मेरे जादुई जूते.....बारिश कैसे होती है.....अच्छा तो बादल में जब पानी भर जाता है तब बारिश होती है। अब मुझे स्कूल ले चलो नहीं तो देर हो जाएगी।"

उसका सुंदर चाँदी का जूता नीचे की ओर आने लगा। धीरे धीरे उसे उसका स्कूल दिखने लगा। आसमान से स्कूल कितना छोटा लग रहा था। उसके कपड़े बिलकुल सूखे थे। स्कूल के नजदीक जैसे ही पहुँचा उसने चाँदी के जूते से कहा, "मुझे थोड़ी दूर उतारना नहीं तो अगर किसी ने देख लिया तो मुसीबत आ जाएगी।"

स्कूल के गेट के पास पानी भरा था। जब उसने देखा आसपास कोई नहीं है रूहान वही उतर गया और जल्दी से जूता अपने बैग में रख लिया।स्कूल के गेट पर उसको उसकी कक्षा में पढ़ने वाला संजू मिल गया।वह उसके पास आया और पूछने लगा, "अरे रूहान तुम कैसे आज समय से स्कूल आ गये? आज तो कोई भी नहीं आया क्योंकि सब तरफ पानी भरा है। तुम तो भीगे भी नहीं हो।"

रूहान सोच में पड़ गया और बोला,"अरे संजू में तो घर से जल्दी निकल आया था और मेरे पास छाता भी तो है।"

यह कह कर वो जल्दी से अपनी कक्षा में जा कर बैठ गया।

७

स्कूल में बहुत कम बच्चे आये थे और उसकी कक्षा में तो सिर्फ संजू और वो ही थे। रूहान का ध्यान सिर्फ अपने बस्ते में रखे जूते पर था। जब मध्यान्तर में खाना खाने के लिए घंटी बजी तब उसे याद आया कि उसका खाना तो चिकनी चुड़ैल ने खा किया है।

वो जल्दी से स्कूल के पीछे सुनसान जगह पर गया और अपने बैग में से जूता निकाला और बोला," मुझे अच्छी सी मिठाई की दुकान पे ले चलो जहां से में जलेबी और गुलाबजामुन बिना पैसे के ले लूँ और खा सकूँ क्योंकि मेरे पास इतने पैसे नहीं है।"

उसने जल्दी से अपने पैर में चाँदी का जूता डाला और उड़ने लगा।रास्ते में मक्खन हलवाई की बड़ी सी दुकान आती थी। रूहान अपने पेट को पकड़ते हुए बोला,"मक्खन हलवाई की दुकान पे चलो।"

ठंडी हवा में उड़ने में बहुत मजा आ रहा था। वह काफी ऊपर उड़ रहा था ताकि उसे कोई देख ना ले। जैसे ही दुकान

पास आई वो थोड़ी दूरी पर उतर गया और जूता बैग में रख लिया।उसके पास इतने पैसे भी नहीं थे। रूहान ने खूब सारा खाने का सामान लिया और जब पैसे देने की बारी आयी उसने हलवाई के नौकर को बीस में से सात रुपये दिये और जूता पहन कर उड़ने लगा।

मक्खन हलवाई और उसके नौकर ने जब देखा कि पैसे तो कम दिये है तो सब उसके पीछे भागने लगे। वे सब जोर जोर से चिल्लाने लगे, "पकड़ो, पकड़ो देखो ये भूत है.....ये उड़ रहा है......भूत।"

बहुत सारे लोग पीछे भागने लगे, "चोर,चोर.....उड़ने वाला चोर।"

रूहान अपने जूते से कह रहा था "जल्दी चलो वो लोग मेरे पीछे आ रहे है। मुझे पकड़ लेंगे या पहचान लेंगे।"

थोड़ी देर में वो स्कूल के पीछे वाली जगह पहुँच गया और जूता फटाफट उतार कर बस्ते में रख लिया। उसने इधर उधर देखा और अपने खाने के सामान को बस्ते में रख कर कक्षा की ओर चल पड़ा।

संजू उसके बगल में आ कर बैठ गया। अंग्रेजी के अध्यापक राज बहादुर ने आते ही बोला ,"क्या आज सिर्फ दो बच्चे आये है? मौसम तो खराब होता जा रहा है। खाने की खुशबू कहाँ से आ रही है?"

संजू काफी देर से रूहान को देख रहा था। वह बोला "सर मुझे लगता है रूहान के पास से आ रही हैं।"

रूहान ने अपने बस्ते से समोसे और गुलाबजामुन निकाले और दोनों को खिलाये।

उसके अध्यापक ने खाते हुए पूछा," ये तो गरम है और हमारे यहाँ तो मिलते भी नहीं है। तुम इतनी बारिश में स्कूल के बाहर क्यों गये।"

रूहान के पास कोई जवाब ही नहीं था।उसने सोचा झूठ बोल देता हूँ नहीं तो फँस जाऊँगा।

उसने कहा,"सर मुझे कोई स्कूल के बाहर दे गया।"

संजू को लगा दाल में जरूर कुछ कला है। उसने सोचा कि उसे इसका पीछा करना पड़ेगा।

६

स्कूल की जब छुट्टी हुई तो हल्की बारिश हो रही थी। अब तो रूहान का चलने का मन ही नहीं होता है और वो बाहर जा कर अपना जादुई जूता निकलता है और बोलता है, "मुझे घर ले चलो।"

संजू दीवार के पीछे चुप कर सब देख लेता है और हैरान परेशान हो जाता है। उसका भी मन करने लगता है कि वो उड़े।

जूता पहनते ही रूहान उड़ने लगता है। नदी के ऊपर से जाने में उसे डर भी लग रहा था।दीनापुर पहुँचते ही उसे लगा कि कोई उसे देख ना ले।

इतने में उसने देखा उसके पड़ोस वाले मुन्नीलाल के घर के अंदर तीन चोर घुसे है और घरवालों को बांध कर आँगन में खड़ा कर दिया है। मुन्नीलाल चिल्लाने की कोशिश कर रहा था पर उसके मुँह पर कपड़ा बंधा था ।उसकी बीवी पारो और उनके दो बेटे गगन और मगन जो रूहान के दोस्त थे रो रहे थे ।

चोर जल्दी जल्दी अलमारी से पैसे और सोना चाँदी लूट रहे थे। रूहान ने अपना मुँह रूमाल से छुपाया और आँगन

में कूद पड़ा। मुन्नीलाल का परिवार डर गया की अचानक आसमान से कौन आ गया है।

उसने जैसे ही जल्दी से उनकी रस्सी खोली वो लोग भाग के दरवाजे तक पहुँच गये। चोरों ने जब देखा तो वो परेशान हो गये और उन्होंने फिर दरवाजा बंद कर दिया। रूहान उड़ता हुआ आया और उसने तीनों चोरों को जोर से धक्का मारा।

मुन्नीलाल और उसके परिवार ने दरवाजा खोला और "चोर चोर.....बचाओ बचाओ," चिल्लाने लगा।

उसके बेटो ने जल्दी से दरवाजा बाहर से बंद कर दिया। आस पड़ोस के सभी लोग इकट्ठे हो गये। थोड़ी देर में पुलिस भी आ गई।

मुन्नीलाल ने घबराते हुए पुलिस को सारी घटना बतायी" इंस्पेक्टर साहिब जादू हो गया.....एक फरिश्ता आसमान से उतरा और हम सब की मदद कर के चला गया।"

सब लोग हैरान परेशान होने लगे। पुलिस वाले तो मजाक बनाने लगे "अरे कोई और कहानी सुनाओ.....चोरों को तो निकालो।"

तीनों चोर डरते हुआ बाहर निकले और उनको हथकड़ी पहना दी गई।

एक चोर बोला, "इस घर में कोई आसमान से उतरकर आया था। हम सब ने देखा है।"

पूरा हर में चर्चा होने लगी की आसमान में कोई उड़ता हुआ देखा जाता है। रूहान ये सब सुनकर सिर्फ मुस्कुरा रहा था।

❈

७

अगले दिन सुबह रूहान जब स्कूल के लिये तैयार हो गया वह अपने पिताजी के पास गया और बोला, "पिताजी आज भी आप मेरे साथ नहीं चलोगे?"

रौनक सिंह बोला, "मुझे अभी कुछ दिन लग सकते है। तुम अकेले ही जाओ।"

रूहान ने अपना जादुई जूता सम्भाला और जब बस्ते में टिफिन रखने लगा तो याद आया कि चिकनी चुड़ैल के लिए भी खाना ले कर जाना है। वह रसोई में गया और माँ से बोला,"माँ मुझे दो रोटी और दे दो। आजकल भूख ज्यादा लगती है।"

उसकी माँ सोच में पड़ गयी और बोली, "तुम तो अपना टिफिन भी बचा कर ले आते हो।"

रूहान ने सोचा आज फिर झूठ बोलना पड़ेगा। वह अपना पेट पकड़ कर बोला "माँ आजकल मुझे आपके हाथ का खाना बहुत अच्छा लगता है।"

"अरे मेरा ताकतवर बेटा.....लो और ले लो, "कहकर उसने उसके टिफिन में दो रोटी और डाल दी।

रूहान जब थोड़ी दूर पहुँचा उसे चलने में आलस आने लगा।उसने अपना मुँह रूमाल से ढका और जूता निकाल कर पहन लिया और बोला " पहले बरगद के पेड़ के पास चलो"

रूहान जैसे ही उड़ने लगा पूरे दीनापुर में फिर शोर मचने लगा।

"देखो.....देखो.....भागो भागो.....पीछा करो.....आसमान का फरिश्ता"

लोग उसका पीछा करते करते जंगल तक पहुँच गये।

रूहान जल्दी से बरगद के पेड़ पर पहुँचा और उसने अपने टिफिन से दो रोटी चिकनी चुड़ैल को दे दी।वो खाना देख कर बहुत खुश हुई।

जब भीड़ वापिस चली गई रूहान स्कूल के लिए उड़ने लगा। कुछ ही मिनट में हवा में लहराता हुआ वो स्कूल से कुछ ही दूरी पर उतर गया।

संजू ने उसे उतरते हुए देख लिया। संजू को रूहान पर पहले से ही शक हो रहा था कि दाल में जरूर कुछ काला है। वो इतना बदला बदला सा क्यों लगने लगा है।

रूहान स्कूल पहुँच कर अपना बस्ता रख कर दोस्तों के साथ खेलने चला जाता है ।

जैसे ही रूहान के बस्ते पर उसकी नजर पड़ती है वो

तलाशी लेनी शुरू कर देता है। वह सारी किताबें जैसे ही निकालता है उसके हाथ में बड़ा सा जूता आ जाता है।

"अरे.....अरे.....इतना बड़ा चाँदी का जूता।तो ये बात है।"

८

संजू जल्दी से अपने बस्ते में जूता छुपा लेता है। रूहान सारा दिन पढ़ाई करता है और जूते की तरफ उसका ध्यान ही नहीं जाता है। वो छुट्टी के समय वापिस जाने के लिए अपना जूता निकालने लगता है तो देखता है की जूता तो है ही नहीं।

वो डर जाता है और सब तरफ ढूँढने लगता है।

वो स्कूल का कोना कोना छान मारता है पर उसे जूता नहीं मिलता है।

संजू स्कूल से कुछ दूर जाता है और जूता पहन लेता है और बोलता है "उड़ो उड़ो ओ जादू के जूते.....उड़ता है कि नहीं.....चल.....रूहान के जूते.....चल।"

यह कह कर वह जूता हाथ में लेकर जमीन पर मारने लगता है।

संजू जूता पहन कर अपने हाथ फैला कर उड़ने की कोशिश करता है और दौड़ लगाता है।

"उड़ उड़," कहते हुए वो जोर से जमीन पर गिर जाता है।

वो सोच में पड़ जाता है कि "रूहान तो ये पहन कर उड़ रहा था तो वो क्यों नहीं।" वो धीरे से उसे अपने बैग में वापिस रख लेता हैं।

इतने में रूहान पीछे से आता है और पूछता है, "तुमने किसी को मेरा बैग खोलते तो नहीं देखा।"

"क्यों क्या हुआ?"

"मेरा कुछ खो गया है।"

संजू ने सिर हिला दिया और आगे चला गया। रूहान को अब चिकनी चुड़ैल की बातें याद आने लगी। वो धीरे धीरे चलता हुआ नदी के पास पहुँचा।

मोहन भैया उसे देखते ही दौड़े आए, "अरे तुम क्या आजकल नदी तैर कर जाते हो। तुम तो मेरी नाव में बैठते ही नहीं हो। मैंने सोचा तुम शायद छुट्टी पे हो।"

रूहान बिना कुछ जवाब दिये नाव में बैठ गया। जब किनारा आया तो उतर गया और चुपचाप जंगल की ओर चल पड़ा। उसने देखा कि पैर लटकाकर चुड़ैल उसका इंतजार कर रही थी। बरगद का पेड़ आते ही वो जोर जोर से रोने लगा।

"मुझे माफ कर दो.....मैंने नहीं खोया.....किसी ने स्कूल में चुरा लिया।"

चिकनी चुड़ैल कूद कर उसके सामने आ गयी और बोली, "आज तुमने वही किया जिसका मुझे डर था। तुमने मेरा जूता खो दिया। अब तुम मेरे कब्जे में हो। अब तुम्हें कोई नहीं बचा सकता।"

इतने में बरगद के पेड़ में एक दरवाजा खुला और वो उसको उस कोठरी में ले गई।

अंदर का नजारा ही अलग था। एक बड़ा सा कमरा था जिसमे रंग बिरंगे नाखून,सफेद कपड़े, खाली टिफिन ,बोतले और बस्ते पड़े थे। एक रास्ता अंदर की ओर जा रहा था।

रूहान इतना डरा हुआ था कि वो एक कोने में बैठ गया। चिकनी चुड़ैल ने अपने जादू से जैसे ही ऊपर उठाया रूहान ने अपनी आँखें बंद कार ली।

"खोल अपनी आँखें देख......देख," कह कर वो डरावनी हंसी हँसने लगी।

धीरे धीरे से जैसे ही उसने आँखें खोली तो वह चिल्ला उठा। उसके सामने बहुत सारी बच्चे रस्सी से बंधे हुए थे। कोई सुबक रहा था और कोई चिल्ला रहा था।

"मुझे मत बांधो मैं नहीं भागूँगा," कह कर रूहान उसके आगे हाथ जोड़ कर खड़ा हो गया।

२

शाम होने पर रौनक सिंह और उसकी बीवी सोनी रूहान के वापिस ना आने पर चिंतित होने लगे।

कभी सोनी अंदर जाती कभी बाहर आती। वह उसके पिताजी से बोली "आप उसके दोस्तों के घर जा कर पूछिये। शायद कुछ पता चले।"

पड़ोस में साहिल रहता था। रूहान के पिताजी उसके घर पहुँचे और उन्होंने साहिल से पूछा, "आज स्कूल की छुट्टी क्या देर से हुई है? रूहान अभी तक नहीं आया।।"

"नहीं हम लोग तो साथ ही निकले थे पर वो परेशान था उसका कुछ जरूरी सामान खो गया था।"

"अच्छा ऐसा कौन सा सामान था। "कह कर वो नाव वाले मोहन भैया के पास चल पड़ा।

कुछ देर इंतजार करने के बाद मोहन भैया आए तो उन्होंने रौनक से पूछा "तुम क्या बीमार हो? आजकल रूहान पता नहीं

कैसे जाता है क्योंकि सिर्फ आज ही वो आया था वापसी में मेरे साथ। कुछ बोला भी नहीं।"

"क्या? कैसे? ये तो तुम मुझे नई बातें बता रहे हो। मेरा बेटा अभी तक स्कूल से नहीं आया।" कह कर वो जोर से रोने लगा।

"तुम संजू से पूछ सकते हो।वो उसके साथ कक्षा में साथ बैठता है शायद वो कुछ बता पाए।"

दीनापुर के काफी लोग उसके साथ चल पड़े।

संजू का घर वो पूछते हुए पहुँचे और उसे देखते ही वो रो पड़ा।

"बेटा आज रूहान रोज की तरह स्कूल गया पर अभी तक नहीं लौटा। वो तुम्हारे साथ ही बैठता है ना।"

संजू तो सोच में पड़ गया और कुछ जवाब नहीं दे पाया। वह इतनी भीड़ देख कर घबरा गया। उसने सोचा अगर सच बोला तो मैं चोर कहलाऊँगा इसलिए झूठ बोल देता हूँ।

"अंकल आज तो रूहान ने मुझसे बात ही नहीं करी। मुझे कुछ नहीं पता।"

"बेटा मैं वैसे ही बीमार हूँ और ज्यादा चल भी नहीं पा रहा हूँ। क्यों ना तुम भी मेरे साथ चलो स्कूल के प्रधानाचार्य के घर।"

संजू ने जैसे ही ये सुना उसको घबराहट होने लगी। उसने सोचा सच बोल देता हूँ नहीं तो फँस जाऊँगा।

"अंकल आपको पता है रूहान आजकल जादूगर बन गया है।"

रौनक सिंह ने संजू को जोर से पकड़ लिया और बोला "क्या कैसे उसने मुझे कुछ नहीं बताया।"

संजू भाग के बड़ा सा चाँदी का जूता ले आया और उनको दिखाने लगा।

"अंकल ये जादू का जूता है। आजकल वो उड़ कर सब जगह जाता है।"

"ये कोई मामूली जूता नहीं है," कह कर लोग एक दूसरे का मुँह देखने लगे।

भीड़ में से एक आदमी बोला, "कही यही तो नहीं है आसमान में उड़ने वाला फरिश्ता।"

सब लोग सोच में पढ़ गये और एक दूसरे की तरफ हैरानी से आसमान की तरफ देखने लगे।

इतने में एक बूढ़ा आदमी बोला, "ये तो चिकनी चुड़ैल का जूता है। मैंने उसको अक्सर देखा है। वो बरगद के पेड़ पर जंगल में रहती है।"

लोग घबरा गए पर मंगल बोला, "घबराओ नहीं हम सब उसको छुड़ा के लायेंगे।चलो मेरे साथ। कभी ना कभी तो ये दिन आना था।"

पूरा दीनापुर लाठी, डंडे, मोमबत्तियाँ, और लालटेन ले कर जंगल की ओर चल पड़े।

१०

थोड़ी देर में पूरा दीनापुर जंगल पहुँच गया ।बरगद के पेड़ के आसपास एकदम अंधेरा था पर अब वहाँ उजाला हो गया। सब लोग चिल्लाने लगे, "अरे चुड़ैल, बाहर निकल नहीं तो हम इस पेड़ को आग लगा देंगे।"

रौनक सिंह बरगद के पेड़ के पास बैठ कर रोने लगा, "मेरे बेटे रूहान को छोड़ दो वो नादान है। तुम्हें जो चाहिए में दे दूँगा। मेरा बेटा तुम्हें कुछ नहीं कहेगा।"

कही से कोई आवाज नहीं आयी। सब लोग चिल्लाते रहे।

इतने में दीनापुर के सबसे बुजुर्ग आदमी ने एक सुझाव दिया।

"तुम में से किसी के पास खाने को कुछ है। वह भूखी चुड़ैल है। सबसे खाना माँगती है।"

दो औरते आगे आयी और उन्होंने कुछ खाने का सामान रौनक सिंह को पकड़ा दिया ।

वो जोर से चिल्लाने लगा "लो हम तुम्हारे लिये खाना ले आये है। देखो कितना स्वादिट भोजन है।"

इतने में सबने देखा कि पेड़ के अंदर से एक चुड़ैल निकल कर सब लोगो के ऊपर मंडराने लगी। सब लोग चीखने चिल्लाने लगे, "निकल आयी देखा" "वो देखो।"

"खाना खाने आयी है," बुजुर्ग आदमी बोला "अरे रौनक लाओ इसका खाना।"

वो जैसे ही खाना लेने नीचे आई रौनक उसके पैरो पर गिर गया।

"मेरा बेटा मुझे वापिस दे दो।"

चिकनी चुड़ैल खड़ी हो कर सबको देखने लगी और बोली, "मेरे पास कोई बेटा वेटा नहीं है। मुझे खाना दो।"

दीनापुर के लोग ये समझ गये कि इसको सिर्फ खाना चाहिए। मोहन भैया आगे आए और बोले, "अरे तुम्हें रोज खाना मिलेगा, तुम परेशान करना छोड़ दो। यह दीनापुर के लोगो का वादा है।"

चिकनी चुड़ैल रुक कर सिर हिलाने लगी और बोली, "तुम लोग ये कर पाओगे? सोच लो मैं बहुत भूखी हूँ। अगर मुझे भूख लगती है तो मैं कुछ भी खा लेती हूँ चाहे वो तुम्हारा ही बेटा क्यों ना हो।

"नहीं नहीं मेरा बेटा मुझे वापिस दे दो मैं तुम्हारी हर बात मानूँगा "रौनक सिंह गिड़गिड़ाने लगा।

वो फिर हवा में अपनी डरावनी हंसी हंसते हुए उड़ने लगी।

सब लोग उसको नीचे बुलाने लगे, "आ जाओ नीचे "

"कहना मान लो"

वो वापिस पेड़ के अंदर चली गई और सब देखते रह गये। उस बूढ़े आदमी को फिर बुलाया गया तो अब वह बोला "आज मैं तुम्हें इसकी कहानी सुनाता हूँ।"

"बहुत साल पहले दीनपुर मैं एक बुढ़िया उसका पति और चार लड़के रहते थे .किसी बीमारी से उसका पति मर गया तो उसे और उसके लड़कों को गाँव वालों ने डायन समझ कर निकाल दिया। वह इस पेड़ के नीचे रहने लगी और कुछ ही दिनों में उनको भूख सताने लगी।कहते है उसके बच्चे उसको छोड़ कर दूसरे गाँव चले गये और वो भूखी ही मर गई। वो बुढ़िया चुड़ैल बन गई और बच्चे पकड़ने लगी।"

सब लोग ये नयी कहानी सुन कर हैरान रह गये।

सब लोग चिल्लाने लगे " बाहर आओ हम तुम्हें कुछ नहीं कहेंगे। बाहर निकलो।"

चिकनी चुड़ैल ने बरगद के पेड़ के अंदर से एक दरवाजा खोला। उसके से एक एक करके कम से कम बीस बच्चे निकले। रूहान सबसे पीछे था और जैसे ही उसने अपनी माँ और पिताजी को देखा वो दौड़ कर लिपट गया और सुबकने लगा।

चुड़ैल पेड़ के ऊपर बैठ गयी और बोली, "ले जाओ सबको। छोड़ दिया है मैंने अब।"

"पर ये बच्चे कौन है। हम तो इनको पहचानते नहीं"

सब बच्चे बगल के गाँव के नाम बताने लगे।

सब लोगो ने ये सोचा की इन सबको अगले दिन भेजा जाएगा। सब ने चिकनी चुड़ैल का धन्यवाद किया।

उसकी आँखों से आंसू टपकने लगे और वो बोली "मुझे बच्चे अच्छे लगते है। मेरे भी चार बच्चे थे पर अब कोई नहीं है। तुम लोग मुझे रोज खाना देते रहना।"

दीनापुर के लोगो का डर खत्म हुआ।

तबसे आज तक रोज वहाँ के लोग उसको खाना देते है। अब कोई भी जंगल से किसी भी समय निकल कर जा सकता था।

संजू ने रूहान को जूता वापिस कर दिया। जब उसने चिकनी चुड़ैल को देना चाहा तो उसने इंकार कर दिया और बोली,

"ये तुम रख लो क्योंकि तुम मुझे खाना खिलाते थे। जब कभी मुसीबत आये तो इस्तेमाल करना।"

इस कहानी से हमें ये सीखने को मिलता है की झूठ नहीं बोलना चाहिए। अगर संजू सच ना बताता तो रौनक को पता ही नहीं चलता की रूहान कहा है ।